GANAR,
AHORRAR,
GASTAR

Dinero

12205238

Margaret Hall

Heinemann Library
Chicago, Illinois

Customer Service 888-454-2279
Visit our website at www.heinemannlibrary.com

Designed by Kimberly R. Miracle and Cavedweller Studio
Photo research by Tracy Cummins and Heather Mauldin
Illustration by Mark Preston Illustration
Printed by Leo Printing Company
Translation into Spanish produced by DoubleO Publishing Services

12 11 10 09 08
10 9 8 7 6 5 4 3 2 1

10 Digit ISBN: 1-4329-1774-9 (hc)   1-4329-1779-X (pb)
13 Digit ISBN: 978-1-4329-1774-6 (hc)   978-1-4329-1779-1 (pb)

Library of Congress Cataloging-in-Publication Data

Hall, Margaret, 1947-
  [Money. Spanish]
  Dinero / Margaret Hall. -- New ed.
      p. cm. -- (Ganar, ahorrar, gastar)
  Translation of: Money.
  Includes index.
  ISBN 978-1-4329-1774-6 (hardcover) -- ISBN 978-1-4329-1779-1 (pbk.)
  1. Money--History--Juvenile literature. I. Title.
  HG231.H3518 2008
  332.4--dc22
                                2008013139

Acknowledgments
The author and publishers are grateful to the following for permission to reproduce copyright material: Alamy **p. 7** (Rob Bartee); AP Photo **p.18** (J. Scott Applewhite); Mike Brosilow **pp. 11, 12, 19**; Corbis **pp. 6** (The Art Archive), **28** (William Whitehurst); Getty Images **pp. 5** (MPI), **8** (Royalty free), **14** (Royalty free), **15** (Royalty free), **20 all** (Royalty free), **22** (Colorblind Images LLC), **25** (Donald Smetzer), **29** (Royalty free); Heinemann Raintree **pp. 9** (David Rigg), **17** (David Rigg); Northwind Picture Archives **p. 4** (Nancy Carter); PhotoEdit **pp. 21** (David Young-Wolff), **24** (Michael Newman); Shutterstock **pp. 10** (Christy Thompson), **16** (J. Helgason), **23** (Danny E Hooks); United States Mint **p. 13**.

Cover photographs reproduced with permission of Getty Images (royalty free) and Getty Images (royalty free) (piggybank).

Contenido

Algunas palabras aparecen en negrita, **como éstas**.
Puedes encontrar sus significados en el glosario.

Cuando no existía el dinero

Hace mucho tiempo no existía el dinero. Las personas no lo necesitaban. Para obtener alimento, cultivaban, recolectaban o cazaban. Construían sus propias viviendas y fabricaban su ropa. A veces, algunas personas tenían objetos que otros querían. Alguien que fabricaba vasijas tal vez quería la canasta que fabricaba otra persona. Así, hacían **trueques**, o intercambios entre ellos.

Los indígenas norteamericanos comerciaban entre ellos por todo el continente. Intercambiaban ideas, experiencias y **bienes**.

Antes de que existiera el **dinero en efectivo,** como se conoce hoy, se comerciaba con objetos de valor, como conchas marinas o joyas.

El trueque funcionaba bien en la mayoría de las circunstancias. Pero, a veces, no se podía determinar qué era lo justo. Entonces, se comenzaron a intercambiar objetos que tenían valor para todas las personas. Por esta razón se usaron sal, granos, plumas, hojas de té, ostras, cuentas e incluso anzuelos, del mismo modo en que se usa el dinero en la actualidad.

Los orígenes del dinero

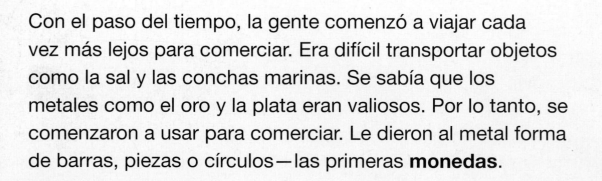

Antes de que se usara el dinero, los antiguos egipcios intercambiaban cosas como trigo y cebada, por otras como metales, animales, especias y madera.

Con el paso del tiempo, la gente comenzó a viajar cada vez más lejos para comerciar. Era difícil transportar objetos como la sal y las conchas marinas. Se sabía que los metales como el oro y la plata eran valiosos. Por lo tanto, se comenzaron a usar para comerciar. Le dieron al metal forma de barras, piezas o círculos—las primeras **monedas**.

Poco tiempo después, todo el mundo comenzó a comerciar con monedas. Muchas de esas monedas no se parecían a las que usamos hoy en día, pero, al igual que las monedas actuales, eran fáciles de transportar y tenían valor.

Algunas monedas antiguas tenían la imagen de un dirigente del **gobierno,** tal como las que usamos en la actualidad.

El dinero hoy en día

En la actualidad, casi nadie hace **trueques** para conseguir los objetos que necesita. En su lugar, se usa el dinero. Las **monedas** todavía se utilizan, pero son sólo un tipo de dinero. Otro es el papel moneda, o **billetes**.

Ahora se utilizan monedas y billetes para comprar lo que se necesita o desea.

La apariencia del dinero cambia continuamente. Las monedas y los billetes nuevos se hacen con diferentes palabras y símbolos. Los materiales con los que se hacen también son diferentes. En lugar de usar oro y plata, las monedas actuales se acuñan con combinaciones de metales más comunes, como el cobre y el níquel.

El **gobierno** de los Estados Unidos cambia la apariencia de algunos de los billetes para que sea más difícil fabricar dinero **ilegal**.

El valor del dinero

Como el dinero tiene valor, la gente lo puede cambiar por **bienes** y **servicios**.

Las **monedas** y los **billetes** no valen mucho por sí solos. Los metales y papeles utilizados para fabricarlos no son muy caros. Entonces, ¿por qué se piensa que el dinero es valioso?

El dinero contiene una promesa del **gobierno**. La promesa es que cada moneda y cada billete es **moneda de curso legal**. Eso significa que se pueden usar como forma de pago. El gobierno de los Estados Unidos emite todo el dinero del país. La ley prohíbe que cualquier otra persona o entidad lo haga. Ésa es una razón por la que la gente confía en la promesa del gobierno.

Ésta es la promesa del gobierno.

Monedas

En los Estados Unidos se utilizan seis **monedas** de diferente valor. El tamaño de la moneda no indica su valor. La moneda de diez centavos es más pequeña que la de un centavo o la de cinco centavos, pero vale más. A veces, el **gobierno** de los Estados Unidos acuña monedas especiales.

Las monedas de un centavo, cinco centavos, diez centavos y veinticinco centavos son las más comunes en los Estados Unidos.

Las monedas, como éstas de un dólar, suelen mostrar imágenes de personas importantes de la historia estadounidense.

El gobierno emitió 50 monedas diferentes de veinticinco centavos para representar cada uno de los 50 estados. También existen monedas especiales de un dólar que representan a los presidentes estadounidenses. Algunas monedas se emiten sólo por un tiempo. El dólar de Susan B. Anthony es una de ésas. Susan B. Anthony fue una famosa estadounidense que luchó para conseguir la igualdad de derechos para la mujer. Aunque sean raras, estas monedas todavía se usan.

Cómo se fabrican las monedas

Las **monedas** provienen de la **casa de la moneda,** que es una fábrica para acuñar monedas. El proceso de fabricación comienza con una tira de metal delgada. Una máquina actúa como una cortadora de galletas y corta el metal en círculos llamados modelos en blanco.

Al principio, estas monedas de uno y cinco centavos fueron modelos en blanco.

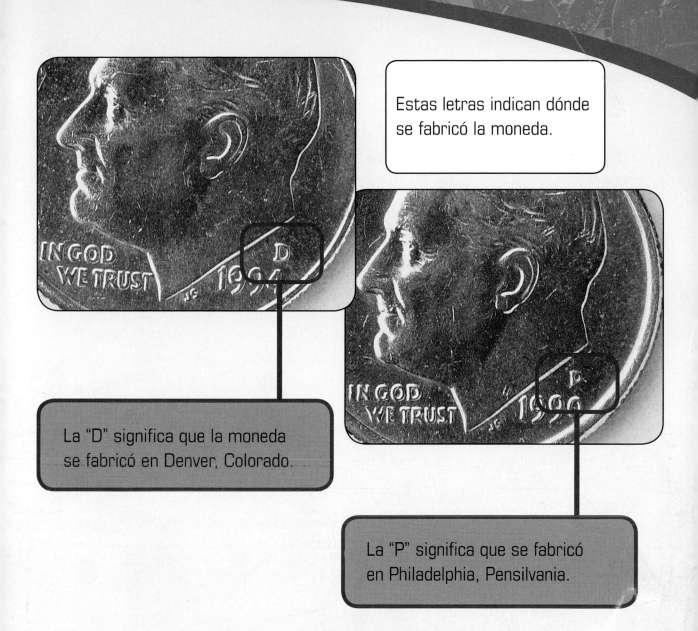

Estas letras indican dónde se fabricó la moneda.

La "D" significa que la moneda se fabricó en Denver, Colorado.

La "P" significa que se fabricó en Philadelphia, Pensilvania.

Los modelos en blanco se colocan en una máquina llamada **troquel,** que se usa para estampar símbolos. El troquel estampa símbolos en ambos lados de los modelos en blanco. Las monedas se fabrican con mucho cuidado, ya que cada una debe tener el mismo aspecto y peso que las otras monedas de ese valor.

Billetes

Existen diferentes clases de papel moneda o **billetes**. En los Estados Unidos, todos tienen el mismo tamaño, pero cada uno tiene diferentes palabras y símbolos impresos, y cada uno tiene un valor diferente.

Al igual que las **monedas**, los billetes de los Estados Unidos muestran imágenes de personas famosas de la historia del país.

Los billetes no pesan mucho ni ocupan mucho espacio, por lo que son más fáciles de llevar que las monedas. Además, los billetes suelen valer más que las monedas. Si un libro cuesta cinco dólares, es fácil pagarlo con un billete de cinco dólares. Sin embargo, ¡se necesitarían 500 monedas de un centavo para comprar el mismo libro!

Un billete de cinco dólares vale lo mismo que 500 monedas de un centavo. A veces, es más fácil llevar billetes que monedas.

Cómo se fabrican los billetes

Los billetes se fabrican con papel y tinta especiales en la Oficina de Grabado e Impresión *(Bureau of Engraving and Printing)*, en Washington, D.C. Al principio del proceso el papel está en blanco. Luego, pasa por una máquina llamada **imprenta** que le agrega palabras y símbolos a ambos lados.

El papel moneda se imprime en grandes hojas que luego se cortan para hacer cada **billete**.

Éste es el número de serie de un billete de un dólar.

Los billetes de un dólar tienen muchas palabras y símbolos en común, pero no son exactamente iguales. Cada uno tiene un número especial llamado **número de serie**, y ningún otro billete tiene ese mismo número. Lo mismo ocurre con los otros billetes.

19

Cómo ganar dinero

La gente trabaja para ganar el dinero que necesita. El dinero que gana se denomina **ingresos**. Hay muchas formas de conseguir ingresos. Algunas personas trabajan en fábricas o restaurantes. Algunas reparten paquetes o el correo. Otras cuidan de gente enferma o enseñan en una escuela.

Una persona puede valerse de su educación, sus destrezas especiales o su capacitación para trabajar y obtener ingresos.

Después de trabajar duro, es agradable recibir el salario.

El **empleador** le paga dinero a una persona por el trabajo que realiza. Muchos trabajadores reciben su paga en forma de **cheque del sueldo**. Algunos trabajadores prefieren que el empleador deposite el dinero directamente en sus cuentas bancarias. Esto se conoce como **depósito directo**. Si recibes un pago por hacer los quehaceres del hogar o ayudar a un vecino, el dinero que ganas son tus ingresos.

Cómo se usa el dinero

La gente usa el dinero que gana de diferentes maneras. Parte de los **ingresos** los gastan en **bienes** y **servicios**. Los bienes son objetos que la gente usa, como la ropa, la vivienda e incluso los juguetes. Los servicios son actividades que se realizan para otra persona. Se paga, por ejemplo, a los médicos, a los maestros, a los meseros y a otros profesionales por los servicios que proporcionan.

La gente debe gastar su dinero con inteligencia, para así tener lo suficiente para comprar los objetos que realmente necesitan.

Cuanto más dinero gana una persona, más impuestos debe pagar.

Casi todas las personas ahorran parte de sus ingresos para tener dinero en el futuro. Y muchas otras personas dan algo de su dinero para ayudar a otros. También deben pagar **impuestos**. El **gobierno** utiliza el dinero de los impuestos para pagarles a los empleados públicos y construir obras, como carreteras y escuelas.

En qué usar el dinero

La gente debe gastar al menos una parte de sus ingresos para comprar lo que necesitan, como la comida.

Hay muchas maneras de gastar el dinero. La mayoría de la gente usa una gran parte de sus **ingresos** para pagar sus necesidades. Las necesidades son las cosas que se necesitan para vivir, como la comida, la ropa y un lugar para vivir.

El dinero también se puede gastar en deseos. Los deseos son objetos que sería agradable tener, pero sin los cuales se puede vivir, es decir, no son necesidades básicas. Los televisores, los juguetes y los autos lujosos son deseos. Elegir cómo gastar no es la única decisión que se debe tomar con respecto al dinero. También se debe decidir cuánto ahorrar y cuánto regalar. Si se usa el dinero con inteligencia, se puede hacer un poco de todo.

Mucha gente destina parte de sus ingresos para comprar cosas que desean.

Adónde va el dinero

¿Adónde va el dinero cuando se gasta? El dinero viaja de persona en persona y de lugar en lugar. El **billete** de cinco dólares que se usó para comprar un libro hoy, podría estar en otra ciudad a la semana siguiente. Sigue el viaje de este billete.

1 Un hombre compra un libro en Chicago, Illinois, y le paga al empleado de la tienda con un billete.

2 El empleado le da el mismo billete a una mujer como vuelto.

3 La mujer coloca ese mismo billete en una tarjeta de cumpleaños para su sobrino.

El dinero no dura para siempre. Las **monedas** pueden rayarse o doblarse, y los billetes se ensucian o se rasgan. Pero el dinero no se desecha cuando se daña. El dinero viejo vuelve al **gobierno**. Las monedas se funden en la **casa de la moneda** y el metal se vuelve a usar. Los billetes viejos se queman o se trituran y reciclan.

4 El cartero de Chicago recoge la tarjeta para entregarla.

5 El sobrino en Dallas, Texas, recoge la tarjeta del buzón.

6 Compra un juguete y lo paga con ese billete.

El dinero en el mundo

El dinero que se usa en otros países no tiene la misma apariencia que el de los Estados Unidos. Casi todos los países emiten su propio dinero o **moneda circulante**.

Los billetes de diferentes países no tienen la misma apariencia.

Cada moneda circulante es diferente. Las **monedas** y los **billetes** de diferentes lugares tienen diferentes valores y, generalmente, diferentes nombres. Los símbolos y las palabras que tienen impresos tampoco son los mismos.

En un banco o en una casa de cambio, la gente puede intercambiar la moneda circulante de un país por otra, de otro país.

Algunas monedas circulantes pueden usarse en más de un país. Por ejemplo, el euro se puede usar en diferentes países de Europa. Cuando la gente visita otros países, por lo general debe usar la moneda circulante de ese país. Se puede cambiar una moneda circulante por otra. En casi todo el mundo es importante entender cómo funciona el dinero.

Glosario

bienes objetos que la gente compra, como alimentos, ropa o juguetes

billete papel moneda

casa de la moneda fábrica donde se acuñan las monedas

cheque del sueldo dinero que una persona recibe por el trabajo que ha realizado

depósito directo forma de pagar al trabajador poniendo dinero en su cuenta bancaria

dinero en efectivo monedas y billetes

empleador persona o empresa para la que trabajan otras personas

gobierno poder político de un país, estado o ciudad

ilegal en contra de la ley

imprenta máquina que coloca palabras y símbolos en el papel

impuesto dinero que se paga al gobierno a cambio de servicios públicos

ingreso dinero que una persona recibe por un trabajo o de otras fuentes

moneda pieza plana de metal que se usa como dinero

moneda circulante dinero que se usa en un determinado país o continente

moneda de curso legal dinero que por decisión del gobierno puede ser usado para pagar

número de serie número especial usado para identificar un artículo

servicio actividad realizada en beneficio de otra persona

troquel herramienta utilizada para estampar números o símbolos en las monedas

trueque cambiar un objeto por otro sin usar dinero

Descubre más

Cribb, Joe. *Money*. New York: DK Children, 2005.

Rau, Dana Meachen. *The History of Money*
   Milwaukee, WI: Gareth Stevens, 2006.

Samuel, Charlie. *Money and Finance in Colonial America*
   New York: Millbrook Press, 2003.

Para obtener más información acerca del dinero en los Estados Unidos, visita el sitio web educativo del Departamento del Tesoro de los Estados Unidos en: http://www.ustreas.gov/education/

Índice